Al planetario

Julie Murray

Abdo Kids Junior es una
subdivisión de Abdo Kids
abdobooks.com

Abdo
EXCURSIONES CON
LA ESCUELA
Kids

abdobooks.com

Published by Abdo Kids, a division of ABDO, P.O. Box 398166, Minneapolis, Minnesota 55439. Copyright © 2022 by Abdo Consulting Group, Inc. International copyrights reserved in all countries. No part of this book may be reproduced in any form without written permission from the publisher. Abdo Kids Junior™ is a trademark and logo of Abdo Kids.

Printed in the United States of America, North Mankato, Minnesota.

052021

092021

THIS BOOK CONTAINS RECYCLED MATERIALS

Spanish Translator: Maria Puchol

Photo Credits: Alamy, iStock, Media Bakery, Shutterstock

Production Contributors: Teddy Borth, Jennie Forsberg, Grace Hansen

Design Contributors: Christina Doffing, Candice Keimig, Dorothy Toth

Library of Congress Control Number: 2020930666

Publisher's Cataloging-in-Publication Data

Names: Murray, Julie, author.

Title: Al planetario/ by Julie Murray

Other title: Planetarium. Spanish

Description: Minneapolis, Minnesota: Abdo Kids, 2022. | Series: Excursiones con la escuela | Includes online resources and index.

Identifiers: ISBN 9781098204143 (lib.bdg.) | ISBN 9781098205126 (ebook)

Subjects: LCSH: Planetarium--Juvenile literature. | Stargazing--Juvenile literature. | Telescopes--Juvenile literature. | School field trips--Juvenile literature. | Spanish language materials--Juvenile literature.

Classification: DDC 371.384--dc23

Contenido

El planetario 4

Cosas que se pueden
aprender en un
planetario 22

Glosario 23

Índice 24

Código Abdo Kids . . .24

El planetario

¡Es día de excursión! La clase va a visitar el planetario.

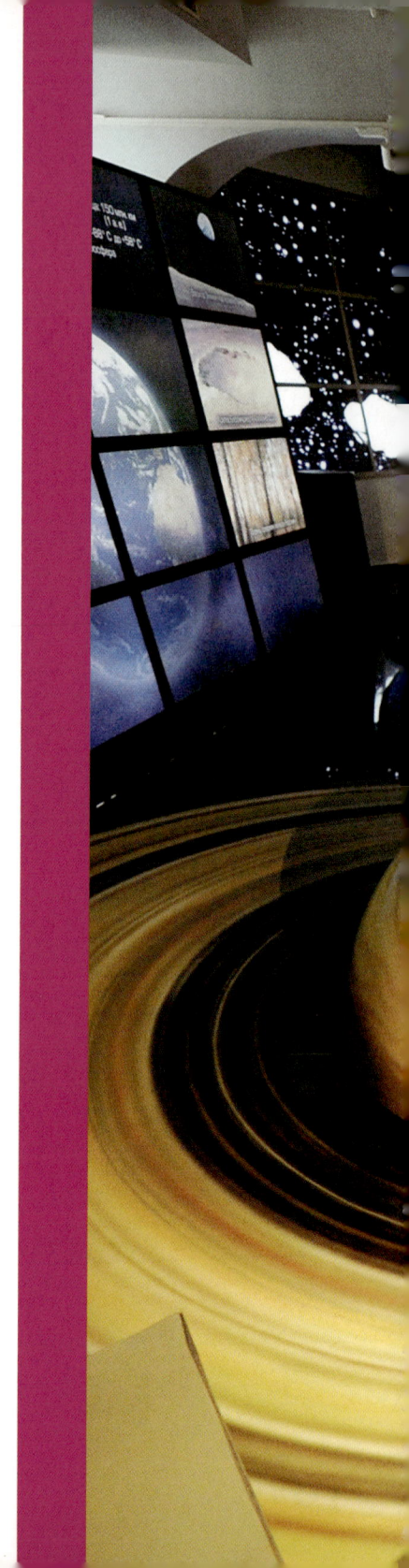

5

Es como un cine con el techo en forma de **cúpula**.

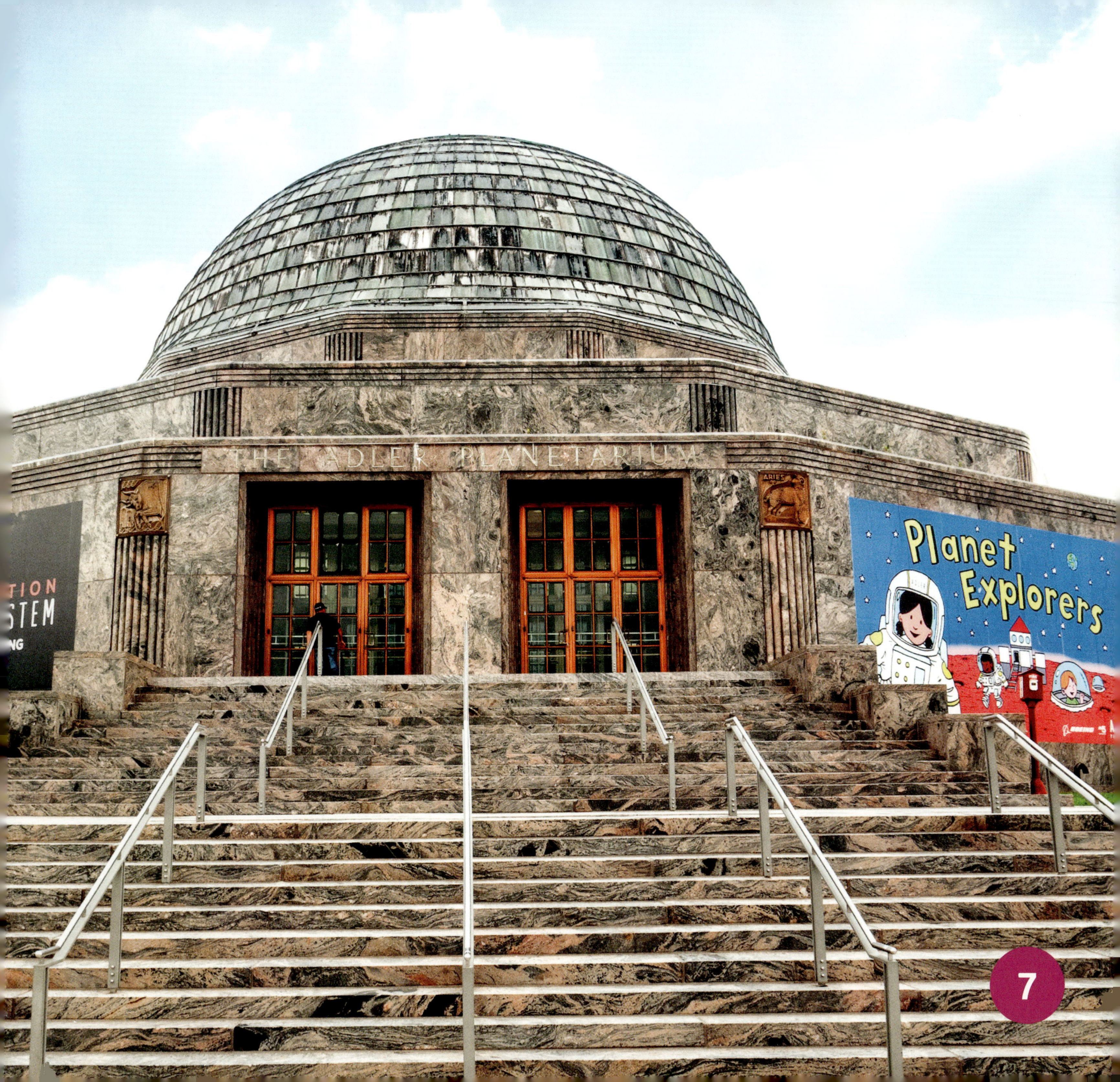
THE ADLER PLANETARIUM
ARIES
Planet Explorers

Los niños aprenden sobre el firmamento.

9

Sam encuentra su asiento.

Se apagan las luces.

11

Sara mira hacia arriba. Observa el Sol. ¡Es una estrella gigante!

13

La clase aprende sobre las estrellas. Aprenden sobre los planetas.

15

Evan mira los signos

del **zodíaco**.

17

Ava encuentra Marte.

Es rojo y grande.

19

¿Has visitado alguna vez un planetario?

21

Cosas que se pueden aprender en un planetario

las estrellas

las galaxias

las misiones de la NASA

los planetas

Glosario

cúpula
techo redondo de una habitación o edificio.

zodíaco
cinturón imaginario del cielo dividido en 12 partes iguales, nombradas por la constelación que aparece en esa parte del cinturón.

Índice

aprender 8

asiento 10

edificio 6

estrellas 12, 14, 16

Marte 18

planetas 14, 18

sol 12

zodíaco 16

Abdo Kids ONLINE
FREE! ONLINE MULTIMEDIA RESOURCES

¡Visita nuestra página **abdokids.com** y usa este código para tener acceso a juegos, manualidades, videos y mucho más!

Los recursos de internet están en inglés.

Usa este código Abdo Kids

FPK8756

¡O escanea este código QR!